Manon Bouju, Lucas Chancel,
Anne-Laure Delatte, Stéphanie Hennette,
Thomas Piketty, Guillaume Sacriste,
Antoine Vauchez

Changer l'Europe, c'est possible !

Éditions Points

ISBN 978-2-7578-7931-3

AVANT-PROPOS

Changer l'Europe, c'est possible !

À condition toutefois que l'on s'y mette toutes et tous, et que l'on cesse de s'en remettre à d'autres pour repenser le fonctionnement de l'Europe.

Ce petit livre part du *Manifeste pour la démocratisation de l'Europe*, lancé en décembre 2018 par une centaine d'intellectuels et responsables politiques européens, traduit dans plusieurs langues, et qui a déjà recueilli plus de 110 000 signatures.

Nous reprenons ici le texte du *Manifeste*, et surtout nous proposons de nouveaux éléments permettant à toutes et à tous de s'emparer de ce débat, en particulier avec une série de questions/

réponses (p. 19) destinées à répondre à certaines des questions les plus fréquemment posées. Nous présentons également le projet de budget et de fiscalité (p. 57) permettant de répondre ensemble aux défis de l'avenir. Plus technique, le texte du projet de traité est consultable en ligne sur le site www.tdem.eu.

Face à la crise financière de 2008, les États membres de l'Union européenne, la Commission et la Banque centrale européenne ont mis en place dans l'urgence un véritable gouvernement européen des politiques économiques et sociales. Le traité sur la stabilité, la coopération et la gouvernance (TSCG) et le traité créant le Mécanisme européen de stabilité (MES) ainsi que la mise en place du « Semestre européen » ont doté ce gouvernement d'instruments lui permettant de contrôler et d'influencer directement les pactes démocratiques, sociaux et fiscaux nationaux des États membres.

Ce nouveau gouvernement européen est très peu soumis à l'influence et au contrôle des parlements : le rôle du Parlement européen dans la gouvernance est minime tandis que les Parlements nationaux disposent d'un pouvoir consultatif qui reste anecdotique. Au manque de gouvernance démocratique s'ajoute une priorité (voire une exclusivité) donnée par ce gouvernement européen aux questions budgétaires et financières (stabilité financière, consolidation budgétaire et réformes structurelles) au détriment de la lutte contre les inégalités et de la transition vers un modèle durable écologiquement et socialement.

L'incapacité à répondre aux défis européens actuels et le manque de légitimité démocratique de ce gouvernement européen ont pour conséquence un important rejet, partout en Europe, du projet européen. Or les enjeux de la transition écologique, de la réduction des inégalités et de la régulation de la mondialisation ne sauraient se passer de coordination internationale. La survie et la réforme de l'Union sont donc absolument vitales pour le modèle européen de l'État social et pour la mise en œuvre de la transition écologique.

La crise française des Gilets jaunes est la manifestation d'une demande de plus en plus pressante de justice fiscale et d'investissement dans les services publics. Or il est illusoire de penser que le débat budgétaire et fiscal ne se joue qu'au niveau national. Cette injustice fiscale et ce sous-investissement chronique dans les services publics sont bien le résultat d'une Union européenne incapable de penser l'intégration autrement que par la mise en concurrence fiscale et sociale des États membres et par un copilotage budgétaire plus enclin à l'austérité qu'au développement du service public. Le marché unique et les traités qui le régissent, tels qu'ils ont été pensés, favorisent les plus mobiles. De ce fait, l'instauration d'une fiscalité progressive sur les hauts revenus et patrimoines et sur les grandes multinationales, absolument nécessaire au maintien de l'État social et de la justice fiscale, ne pourra fonctionner que grâce à la coopération internationale et en premier lieu européenne.

Il en va de même pour la lutte contre le réchauffement climatique. Tant que l'on n'aura pas convaincu les citoyens que les plus gros pollueurs font au moins autant d'efforts que les plus petits, et que le kérosène de ceux qui partent en week-end à Rome contribue plus que l'essence de ceux qui vont à leur travail en

Indre-et-Loire, il est illusoire de penser que la taxe carbone puisse faire consensus. Or ce que permettrait notre proposition d'Assemblée européenne et d'impôts communs, c'est justement de mettre en place, sur les émissions carbone comme sur les revenus et les patrimoines, un système fiscal enfin juste et équilibré.

Pour ouvrir le débat sur l'austérité, lutter efficacement contre les inégalités, rendre aux États le pouvoir de lever l'impôt sur le bénéfice des multinationales et redonner un sens au projet européen, nous formulons un projet de traité qui institue une Assemblée européenne qui proposera, débattra et votera un budget financé par des impôts communs et destiné à financer des biens communs européens. Ce traité a été pensé pour être adoptable très rapidement et dans l'état institutionnel actuel, entre les pays qui le souhaiteront, sans que ceux qui ne veulent pas avancer puissent bloquer le processus.

En 2017, certains d'entre nous avaient formulé une première proposition de Traité de démocratisation. À l'époque, la proposition se limitait à la zone euro et proposait l'institution d'une

Assemblée parlementaire de la zone euro dont l'objectif était le contrôle démocratique de l'Eurogroupe. Grâce aux nombreux débats qu'avait suscités cette proposition, nous avons enrichi le projet. L'objectif de créer une communauté politique européenne ne saurait se limiter aux membres de la zone euro. Il est apparu fondamental que le budget soit une pierre angulaire de la refondation démocratique de l'Union et qu'il dessine, par les impôts et les investissements qu'il implique, des biens publics européens au cœur de la communauté de destin. Le projet présenté dans ce livre et sur le site tdem.eu est à la fois plus cohérent et plus ambitieux en termes de justice fiscale et de réorientation environnementale. Il est destiné à alimenter notamment les élections européennes à venir avec des propositions concrètes. Il a été pensé pour être un véritable levier d'action politique immédiate et pour contredire le fatalisme qui voudrait que l'Europe soit irréformable.

Rejoignez-nous et participez à ce débat sur le changement d'Europe !

LE MANIFESTE

Nous, citoyens européens venus d'horizons et de pays différents, lançons aujourd'hui un appel pour transformer profondément les institutions et les politiques européennes. Ce *Manifeste* contient des propositions concrètes, en particulier un projet de traité de démocratisation et un projet de budget, qui peuvent être adoptées et appliquées en l'état par les pays qui le souhaitent, sans qu'aucun pays ne puisse bloquer ceux qui souhaitent avancer. Il peut être signé en ligne (www.tdem.eu) par tous les citoyens européens et les citoyennes européennes qui s'y reconnaissent. Il peut être repris et amélioré par tous les mouvements politiques.

Après le Brexit et l'élection de gouvernements anti-européens à la tête de plusieurs pays membres, il n'est plus possible de continuer comme avant. Il n'est plus possible de se contenter d'attendre les prochaines sorties, les prochains démantèlements, sans rien changer de fondamental à l'Europe actuelle.

Notre continent se retrouve aujourd'hui pris en tenaille entre d'un côté des mouvements politiques dont le seul programme est la chasse aux étrangers et aux réfugiés, un programme qu'ils ont maintenant commencé à appliquer ; et de l'autre des partis qui se disent européens, mais qui au fond continuent de s'imaginer que le libéralisme pur et dur et la mise en concurrence généralisée de tous (États, entreprises, territoires, individus) suffisent à définir un projet politique, sans réaliser que c'est précisément le manque d'ambition sociale qui nourrit le sentiment d'abandon.

Certains mouvements sociaux et politiques tentent de briser ce dialogue mortifère en tentant la voie d'une refondation politique, sociale et environnementale de l'Europe. Car les urgences proprement européennes ne manquent pas au terme d'une décennie de crise : sous-investissement public structurel, notamment dans le domaine de la formation et de la recherche, montée des inégalités sociales, accélération du réchauffement climatique, crise de l'accueil des migrants et des réfugiés. Mais ces mouvements peinent souvent à formuler un projet alternatif concret, c'est-à-dire à décrire précisément comment ils souhaiteraient organiser l'Europe de l'avenir et la prise de décision démocratique en son sein.

Nous, citoyens européens, mettons sur la place publique avec ce *Manifeste*, ce traité et ce budget des propositions précises. Elles sont imparfaites, mais ont le mérite d'exister : chacun pourra s'en saisir pour les améliorer. Elles reposent sur une conviction simple : l'Europe doit bâtir pour ses citoyens un modèle original de développement social, équitable et durable, et elle ne pourra les en convaincre qu'en sortant des promesses vagues et théoriques.

L'Europe ne se réconciliera avec ses citoyens que si elle apporte la preuve concrète qu'elle est capable d'établir une solidarité entre Européens et de faire contribuer, de manière équitable, les gagnants de la mondialisation au financement des biens publics dont l'Europe a aujourd'hui cruellement besoin : c'est-à-dire de faire contribuer les grandes sociétés davantage que les petites et moyennes entreprises, et les contribuables les plus riches davantage que les plus modestes, ce qui n'est pas le cas aujourd'hui.

Nos propositions reposent sur la création d'un budget de démocratisation discuté et voté par une Assemblée européenne souveraine, qui permette enfin de doter l'Europe d'une puissance publique capable à la fois de faire face sans attendre aux urgences européennes et de produire un ensemble de biens publics dans le cadre d'une économie durable et solidaire. C'est ainsi que l'on pourra donner enfin sens à la promesse inscrite dès le traité de Rome d'une « égalisation dans le progrès des conditions de vie et de travail ».

Ce budget, si l'Assemblée européenne le souhaite, sera financé par quatre grands impôts européens, marqueurs concrets de cette solidarité européenne, qui porteront sur les bénéfices des grandes sociétés, les hauts revenus (au-delà de 200 000 euros par an), les hauts patrimoines (au-delà de 1 million d'euros), et les émissions carbone (avec un prix minimal de 30 euros par tonne, qui a vocation à être rehaussé annuellement). S'il était fixé à 4 % du PIB, comme nous le proposons, ce budget pourrait financer la recherche, la formation et les universités européennes, un ambitieux programme d'investissements pour transformer notre mode de croissance, financer l'accueil des migrants et accompagner les acteurs de la transformation ; mais aussi redonner une marge de manœuvre budgétaire aux États membres pour réduire les prélèvements régressifs pesant sur les salaires ou la consommation.

Il ne s'agit pas ici de créer une « Europe des transferts » qui chercherait à prendre l'argent des pays « vertueux » pour le donner à ceux qui le seraient moins. Le projet de Traité de démocratisation le dit explicitement, en limitant l'écart entre les dépenses reçues et les recettes versées par un pays à un seuil de 0,1 % de son PIB. Ce seuil pourra être augmenté s'il existe un consensus en ce sens, mais le véritable enjeu est ailleurs : il s'agit avant tout de réduire les inégalités à l'intérieur des différents pays et d'investir dans l'avenir de tous les Européens, à commencer bien sûr par les plus jeunes d'entre eux, sans favoriser un pays plutôt qu'un autre. Ce calcul exclut les dépenses et investissements réalisés dans un pays en vue de satisfaire un objectif d'intérêt commun bénéficiant également à tous les pays, par exemple la lutte contre le réchauffement climatique. Parce qu'il permettra de financer des biens publics européens qui bénéficieront de manière similaire à l'ensemble des États membres, le budget de démocratisation induira *de facto* un effet de convergence entre les États européens.

Parce qu'il faut aller vite mais aussi sortir l'Europe de l'ornière technocratique, nous proposons la création d'une Assemblée européenne qui permettra de discuter et de voter ces nouveaux impôts européens comme ce budget de démocratisation, sans qu'il soit nécessaire dans un premier temps de modifier l'ensemble des traités européens.

Cette Assemblée européenne devra bien sûr dialoguer avec les instances de décision actuelles (en particulier l'Eurogroupe qui réunit de façon mensuelle et informelle les ministres des finances de la zone euro), mais c'est elle qui, en cas de désaccord, aura le dernier mot. Il en va de sa capacité à être le lieu où se forme un nouvel espace politique transnational où partis, mouvements sociaux et ONG pourront reprendre enfin la main. Mais il en va aussi de son efficacité même puisqu'il s'agit d'arracher enfin l'Europe à l'éternel immobilisme des négociations intergouvernementales. N'oublions pas que la règle de l'unanimité fiscale en vigueur dans l'Union européenne bloque depuis des années l'adoption de tout impôt européen et nourrit l'éternelle fuite en avant vers le dumping fiscal en faveur des plus riches et des plus mobiles, qui continue encore aujourd'hui, malgré tous les discours, et qui continuera tant que d'autres règles de décision n'auront pas été mises en place.

Parce que cette Assemblée européenne aura compétence pour adopter des impôts et rentrer au cœur même du pacte démocratique, fiscal et social des États membres, il importe d'y associer parlementaires nationaux et européens. En accordant aux premiers une place centrale, on transformera *de facto* les élections législatives nationales en élections européennes : les députés nationaux ne pourront plus se contenter de se défausser sur Bruxelles, et n'auront d'autre choix que d'expliquer aux électeurs les projets et budgets qu'ils comptent défendre au sein de l'Assemblée européenne. En réunissant les parlementaires nationaux et européens au sein d'une même Assemblée, on créera des habitudes de cogouvernance, qui n'existent aujourd'hui qu'entre chefs d'État et ministres des Finances.

C'est pourquoi nous proposons, dans le Traité de démocratisation, que l'Assemblée européenne repose pour 80 % de ses membres sur les députés des Parlements nationaux des pays qui rejoindront le Traité (en proportion des populations des pays et des groupes politiques), et pour 20 % des membres de l'actuel Parlement européen (en proportion des groupes politiques). Ce choix mérite une ample discussion. En particulier, notre projet pourrait également fonctionner avec une proportion plus faible de députés nationaux (par exemple 50 %). Mais si cette proportion devenait trop faible, alors l'Assemblée européenne risquerait à nos yeux d'être moins légitime pour engager l'ensemble des citoyens européens sur la voie d'un nouveau pacte social et fiscal, et des conflits de légitimité démocratique entre élections nationales et élections européennes pourraient vite miner le projet.

Il faut maintenant agir vite. S'il est souhaitable que tous les pays de l'Union européenne rejoignent ce projet rapidement, et s'il est préférable que les quatre plus grands pays de la zone euro (qui représentent ensemble plus de 70 % du PIB et de la population de la zone) l'adoptent d'emblée, l'ensemble du projet a été conçu pour qu'il puisse être juridiquement et économiquement adopté et appliqué par n'importe quel sous-ensemble de pays qui le souhaite. Le point est important, car il permet aux pays et aux mouvements politiques qui le veulent de démontrer leur volonté concrète d'avancer en adoptant dès maintenant ce projet, ou une forme améliorée de ce dernier. Nous appelons chacune et chacun à prendre ses responsabilités et à participer à un débat précis et constructif pour l'avenir de l'Europe.

QUESTIONS-RÉPONSES

• **Quel est l'objectif du Traité de démocratisation, et pourquoi faut-il créer une Assemblée européenne ?**

L'objectif du Traité de démocratisation (T-Dem) est de donner aux citoyens les moyens de réduire les inégalités et de mettre en place une véritable justice sociale, fiscale et environnementale en Europe. Jusqu'ici, l'intégration européenne a surtout bénéficié aux acteurs économiques et financiers les plus puissants et les plus mobiles : grandes multinationales, ménages à hauts revenus et hauts patrimoines.

En créant une Assemblée européenne, les États qui le souhaitent se donneront la possibilité d'imposer à leur juste part les acteurs les plus prospères, et de financer ainsi un budget commun permettant de mettre en place un modèle européen fondé sur le développement équitable, social et environnemental. Cela est impossible dans le cadre des institutions actuelles, notamment à cause du droit de veto de chaque pays empêchant toute politique fiscale commune.

• **Ce projet ne va-t-il pas se heurter au veto de certains pays ?**

Non : le projet a été conçu pour pouvoir être adopté par les pays qui le souhaitent, sans qu'aucun pays ne puisse opposer son veto.

De façon générale, l'opinion publique européenne, dans tous les pays et au sein de toutes les persuasions politiques, a été fortement sensibilisée ces dernières années à la question du manque de justice fiscale et sociale en Europe, et en particulier au fait que les plus grandes sociétés paient des taux d'imposition sur leurs bénéfices plus faibles que les petites et moyennes entreprises, et que les ménages à hauts revenus et hauts patrimoines paient des taux moins élevés que les classes moyennes et populaires. Cette réalité est maintenant connue de tous et mine le contrat social et le consentement fiscal en Europe. Pourtant, aucun gouvernement ne propose de solution concrète pour sortir de cette impasse. C'est pourquoi nous pensons qu'un plan précis permettant de résoudre ce problème et d'apporter plus de justice fiscale et sociale aux pays européens correspond aux besoins de l'Europe actuelle, et pourrait recueillir un assentiment majoritaire dans tous les pays.

Par ailleurs, le projet a été conçu pour pouvoir être adopté par n'importe quel sous-ensemble de pays membres de l'Union européenne. Sur le plan juridique, le Traité de démocratisation est pensé de telle sorte qu'il n'entre en conflit avec aucun des traités actuels de l'Union européenne : il les complète en créant pour les pays qui le souhaitent une souveraineté fiscale partagée nouvelle. Il ne nécessite donc nullement l'accord de tous les pays membres de l'Union européenne pour entrer en vigueur. Il s'agit d'un point central : l'objectif est précisément de pouvoir contourner le possible veto de pays refusant la possibilité d'impôts communs (comme le Luxembourg et l'Irlande).

• **Combien de pays doivent-ils adopter le T-Dem pour qu'il entre en vigueur ?**

Il est préférable que le T-Dem soit adopté d'emblée par un nombre important d'entre eux, en particulier par les quatre plus grands pays de la zone euro : Allemagne, France, Italie, Espagne, qui à eux quatre représentent plus de 70 % de la population et du produit intérieur brut de la zone. C'est pourquoi nous avons repris ce seuil de 70 % pour l'entrée en vigueur du Traité (article 20 du T-Dem), ce qui permet en outre de donner aux États signataires la légitimité suffisante pour intervenir dans la régulation de l'union monétaire.

Mais le Traité peut également être amendé afin de pouvoir être adopté par un plus petit nombre de pays, qui peuvent ainsi exprimer leur volonté concrète d'avancer et surtout démontrer aux autres l'intérêt de disposer d'impôts communs et d'un budget de démocratisation. Par exemple, rien n'interdit à la France et à la Belgique, ou à la France et à l'Allemagne, de créer une Assemblée commune ayant le pouvoir d'adopter des impôts communs pour financer un budget commun.

• **Ce projet peut-il être adopté rapidement ?**

Oui, en quelques mois.

En 2011-2012, de nouveaux traités ont été conclus en quelques mois afin de réformer complètement les règles budgétaires en Europe, en particulier avec le nouveau traité budgétaire (Traité sur la stabilité, la coordination et la gouvernance en Europe, TSCG) et le traité créant le Mécanisme européen de stabilité (MES). Le problème est que ces traités n'ont fait que renforcer l'opacité et l'austérité en Europe. Mais leur adoption rapide démontre qu'il est parfaitement possible techniquement d'adopter le Traité de démocratisation, pourvu que la volonté politique existe et que les citoyens et mouvements politiques s'engagent. Ce n'est pas en répétant que rien n'est possible que l'on va réussir à transformer l'Europe.

Cela dit, l'expérience des autres changements de Traité suggère qu'il peut être difficile d'adopter de telles réformes « à froid », et que c'est souvent sous le poids d'événements imprévus et de crises (comme la hausse des taux d'intérêt de l'automne 2011) que de tels changements, jugés impossibles peu de temps auparavant, font soudainement l'objet d'un consensus.

En tout état de cause, que des propositions telles que le T-Dem soient adoptées « à froid » (option qui a évidemment notre préférence) ou à la suite de crises financières ou politiques futures (difficiles à écarter en l'état actuel des choses), cela ne doit pas dispenser de débattre du contenu des prochains changements de Traité, bien au contraire : il faut se préparer aux crises à venir avec un plan d'action pour reconstruire l'Europe sur de meilleures bases. Cela permettra d'éviter de devoir de nouveau bricoler à la dernière minute un mauvais rafistolage des traités, faute d'en avoir débattu auparavant.

• La peur des transferts entre pays ne risque-t-elle pas de conduire au rejet du projet ?

Non, car le projet prévoit explicitement que l'écart entre les recettes et les dépenses ou reversements versés et reçus par les différents États signataires ne puisse excéder 0,1 % de leur produit intérieur brut (article 9 du T-Dem) afin précisément de se prémunir de ce risque de rejet. S'il existe un consensus en ce sens, ce seuil peut être abaissé ou rehaussé, sans modifier la substance du projet.

Il s'agit d'un point fondamental, car le fantasme de « l'union de transfert » est devenu le point de blocage de toute la réflexion européenne. Or le défi central auquel fait face l'Europe n'est pas d'organiser de vastes transferts entre pays, mais bien plutôt de réduire les inégalités à l'intérieur des pays. Concrètement, les inégalités à l'intérieur des pays sont beaucoup plus importantes que les inégalités entre pays, et c'est pourquoi nous proposons de mettre l'accent sur les premières, afin de sortir de faux blocages. Il existe des contribuables riches en Grèce et des contribuables pauvres en Allemagne : c'est pourquoi le T-Dem est conçu pour mettre à contribution les premiers (et plus généralement tous les contribuables favorisés d'Europe) et bénéficier aux seconds (et plus généralement tous les contribuables défavorisés d'Europe, quel que soit leur lieu de résidence).

Il faut toutefois souligner que ce calcul ne prend pas en compte les dépenses et investissements réalisés dans un pays en vue de satisfaire un objectif d'intérêt commun bénéficiant également à tous les pays, par exemple la lutte contre le réchauffement climatique, ainsi que le Fonds d'accueil aux réfugiés. Cela concerne notamment les dépenses et investissements dont la localisation géographique est contrainte par nature (comme les centres d'accueil des migrant-es dans certains pays frontaliers, certains aspects de la transition écologique : épuisement différencié des sols, transition depuis les énergies fossiles rendue plus nécessaire dans certaines régions...). Concernant le budget « universités et recherche », il serait également justifié d'exclure les programmes de recherches liés au changement climatique et à l'accueil d'étudiants d'autres pays signataires. Ces questions peuvent le cas échéant être précisées dans le Traité.

De façon générale, l'objectif de l'Assemblée européenne et du budget de démocratisation est de créer une plus grande justice fiscale et une plus grande solidarité européenne, et nous espérons vivement que les pays signataires accepteront de revoir ce seuil de 0,1 % du PIB, et de le porter par exemple à 0,5 % ou 1 %. Mais cela ne doit pas servir d'excuse pour le rejet du projet, et c'est pourquoi il nous semble plus adapté de proposer un seuil de transfert relativement bas, du type 0,1 %, en particulier pour ce qui concerne les reversements de recettes aux États signataires (ce qui représente la moitié du budget proposé ; *voir* p. 57).

NB : La Commission européenne publie chaque année les « soldes budgétaires opérationnels » pour chaque pays (différence entre les contributions versées par chaque État et les dépenses dont il a bénéficié), et les plus grands contributeurs nets sont l'Allemagne, la France et la Royaume-Uni, avec des soldes contributeurs nets de l'ordre de 0,2 %-0,4 % du RNB suivant les années ; le budget et les soldes envisagés ici s'ajouteraient à ces montants, avec un budget total envisagé atteignant au total 4 % du PIB dans la version proposée (contre 1 % dans le budget actuel de l'Union européenne).

• Pourquoi faudrait-il créer des impôts communs ?

La concurrence fiscale entre pays européens a conduit à abaisser sans cesse davantage les impôts des contribuables les plus fortunés et les plus mobiles (grandes entreprises, contribuables à hauts revenus et hauts patrimoines), au détriment des contribuables plus modestes, qui ont vu leurs prélèvements augmenter (notamment sous forme de TVA et autres taxes indirectes, et d'impôts et prélèvements sur les salaires). La seule façon de mettre fin à la concurrence fiscale est de donner la possibilité à une Assemblée européenne de pouvoir voter des impôts en commun.

• **Pourquoi reverser aux États une part importante des recettes des nouveaux impôts ?**

Dans le projet de budget proposé, il est prévu de reverser la moitié des nouvelles recettes, soit 2 % du PIB sur un total de 4 % du PIB provenant des quatre impôts sur les bénéfices, les hauts revenus, les hauts patrimoines et les émissions carbone.

Cela permettra notamment aux États membres d'abaisser les impôts pesant sur les plus modestes (TVA, taxes indirectes, impôts et prélèvements sur les salaires, etc.), suivant les priorités qui sont les leurs.

L'Assemblée européenne pourrait également choisir de reverser la totalité des recettes de cette façon. Ce n'est pas notre choix préféré, car il nous semble important que les recettes nouvelles soient également utilisées pour financer des investissements communs dans l'avenir. Mais un tel choix serait déjà une amélioration considérable par rapport à la situation existante : l'Assemblée européenne serait un outil permettant à chaque État membre de mettre en place une plus grande justice fiscale.

• **Quelle est la différence avec les projets de « budget de la zone euro » évoqués par les gouvernements français et allemands ?**

En juin 2018, dans la déclaration de Meseberg, le couple franco-allemand s'est mis d'accord sur une feuille de route pour mettre en place un budget pour la zone euro à horizon 2021. L'objectif évoqué de ce budget est la convergence au sein de la zone euro et sa stabilisation. Les différences avec notre projet sont très nombreuses.

De façon générale, le projet Macron-Merkel est extrêmement flou, alors que le nôtre est précis ; le flou du projet Macron-Merkel est d'autant plus problématique que cela permet d'alimenter tous les fantasmes anti-européens. Par exemple, les eurosceptiques peuvent évoquer le risque d'énormes transferts entre pays sans que l'on puisse les démentir, ce que notre projet permet de faire en plafonnant drastiquement et explicitement les transferts entre pays.

Par ailleurs, le budget évoqué dans le projet Macron-Merkel ne dépasse pas quelques dixièmes de points de PIB, alors que le nôtre se monte à 4 % du PIB (ou davantage si l'Assemblée européenne le décide).

Ensuite, le projet Macron-Merkel ne change rien à l'opacité de la gouvernance européenne actuelle (la gouvernance évoquée repose sur l'Eurogroupe, la Commission et le MES), alors que notre projet repose sur une profonde démocratisation de l'Europe, avec la création d'une Assemblée européenne démocratique composée de députés nationaux et européens, qui aura le dernier mot sur les autres instances pour le vote du budget.

Enfin, le budget proposé ici est plus ambitieux qu'un simple outil de stabilisation ou de convergence : c'est un budget qui vise à créer du commun, à mettre en place des projets collectifs de l'Union européenne dans son ensemble.

• Pourquoi faudrait-il créer des investissements communs et un budget commun européen ?

Les États européens, qu'ils le veuillent ou non, partagent un certain nombre de biens publics communs. Les biens communs sont des biens non exclusifs et dont les externalités dépassent les frontières administratives, par exemple le climat. Le fait que ces biens bénéficient ou coûtent aux populations sans distinction de frontière justifie une gouvernance commune. Les pays européens partagent également *de facto* un certain nombre de défis qui ne sauraient être réglés par une gestion purement nationale. Comment imaginer réaliser la transition écologique des économies nationales si ce n'est par une politique commune ? Comment réguler en Europe les grandes entreprises du numérique si ce n'est par une politique concertée ? La proposition de budget a donc pour axes les différents défis et biens communs de l'Europe : le savoir, l'environnement, l'accueil des migrants et la fiscalité.

L'objectif est de créer du commun européen pour permettre à l'Union européenne de se projeter dans l'avenir par la transition de son mode de croissance et de réguler la mondialisation, en promouvant un véritable modèle européen de développement durable et équitable.

• **Pourquoi l'Assemblée européenne repose-t-elle autant sur les Parlements nationaux et non pas sur le seul Parlement européen ? N'est-ce pas remettre en cause un objectif supranational ?**

Dans la proposition exposée dans le T-Dem, nous suggérons que l'Assemblée européenne soit composée pour 80 % de ses membres de parlementaires des Parlements nationaux (au prorata des groupes qui les composent) et pour un cinquième (20 %) de ses membres de parlementaires du Parlement européen (également au prorata des groupes qui le composent).

La première raison pour laquelle nous souhaitons voir siéger une majorité de parlementaires nationaux est d'abord une question de légitimité sur les mesures fiscales : l'un des blocages principaux à l'unification fiscale est le refus des Parlements nationaux de perdre le monopole de cette prérogative.

De plus, et surtout, il nous semble essentiel que les élections législatives nationales deviennent *de facto* des élections européennes : le projet politique national doit s'insérer dans un projet européen si l'on veut redonner du sens au récit européen, les campagnes nationales ne peuvent pas utiliser l'Europe comme bouc émissaire au risque de nourrir le populisme. La représentation des députés nationaux à l'Assemblée européenne implique que les candidats aux élections législatives nationales ne pourront plus se défausser sur Bruxelles : ils devront expliquer aux électeurs les projets et budgets qu'ils comptent défendre au sein de l'Assemblée européenne. En réunissant les parlementaires nationaux européens au sein d'une même Assemblée, on créera des habitudes de cogouvernance, qui n'existent aujourd'hui qu'entre chefs d'État et ministres des Finances.

- **Le projet pourrait-il fonctionner avec une Assemblée européenne composée de la même façon que l'actuel Parlement européen ?**

Techniquement oui. Politiquement et démocratiquement, ce ne serait pas la meilleure solution.

Nous suggérons que l'Assemblée européenne soit composée à 80 % de membres des Parlements nationaux et à 20 % de membres du Parlement européen. Ce choix mérite une ample réflexion. Le pourcentage de députés nationaux pourrait être abaissé, par exemple à 50 %.

Techniquement, il pourrait également être réduit à 0 %, auquel cas la composition de l'Assemblée européenne serait identique à celle de l'actuel Parlement européen, mais avec des pouvoirs fiscaux et budgétaires beaucoup plus importants, puisque actuellement le Parlement européen ne peut adopter le moindre impôt européen, compte tenu du droit de veto de chaque État membre. Si une telle proposition faisait l'objet d'un accord entre un nombre suffisant d'États membres, cela serait une avancée considérable pour l'Europe, que nous soutiendrions.

Nous mettons cependant en garde sur les risques politiques et démocratiques que comporterait une telle solution, et plus généralement un abaissement trop important du pourcentage de députés nationaux (au-dessous de 50 %). Cela pourrait créer à l'avenir des conflits de légitimité entre l'Assemblée européenne et les Parlements nationaux, qui jusqu'à preuve du contraire conserveraient le pouvoir de voter l'impôt dans les différents États membres, et aussi celui de ratifier et de dénoncer les traités internationaux (comme les traités européens, et en particulier le T-Dem). Il paraît nettement préférable d'européaniser les Parlements nationaux en les plaçant au cœur de la démocratisation de l'Europe.

• Quelle est la différence avec le projet d'Assemblée parlementaire franco-allemande évoqué en octobre 2018 ?

En octobre 2018, les gouvernements français et allemands ont évoqué la possibilité de création d'une Assemblée parlementaire franco-allemande pour débattre d'un certain nombre de sujets, en particulier sur les questions de défense.

La différence centrale réside dans le fait que cette Assemblée parlementaire est purement consultative (comme d'ailleurs la conférence des Parlements nationaux qui existe déjà dans le cadre des traités actuels), alors que nous proposons la création d'une Assemblée européenne qui disposerait d'un véritable pouvoir fiscal et budgétaire lui permettant d'adopter en dernier ressort des impôts communs alimentant un budget commun.

• ***Le Manifeste pour la démocratisation* est-il de gauche ou de droite ?**

Le Manifeste s'adresse à tous les citoyens et mouvements politiques européens qui s'y reconnaîtront et voudront contribuer à l'améliorer, sans exclusive d'aucune sorte. Notre objectif est d'alimenter un débat de fond, au-delà des étiquettes du passé.

Dans la mesure où il met l'accent sur la justice sociale et fiscale et sur la possibilité d'adopter des impôts européens sur les acteurs économiques les plus riches et les plus puissants, il est naturel de rattacher ce *Manifeste* à la gauche. Il s'agit dans ce cas du *Manifeste* d'une gauche vraiment européenne, et vraiment de gauche. La plupart des rédacteurs et des premiers signataires du *Manifeste* se reconnaissent dans cette description.

Mais il nous semble surtout que la question de la justice sociale et fiscale en Europe a vocation à rassembler au-delà des clivages habituels : de nombreux citoyens européens de toutes tendances, et surtout de nombreux citoyens désabusés et qui ne se reconnaissent pas dans l'offre politique existante, souhaitent que les acteurs économiques les plus puissants soient mis à contribution au moins autant que les plus modestes. De nombreuses réformes portées par la « gauche » dans le passé, comme le suffrage universel ou l'impôt sur le revenu, sont depuis longtemps devenues consensuelles.

Enfin, la question centrale de la construction d'une Assemblée européenne légitime et souveraine, s'appuyant à la fois sur les Parlements nationaux et le Parlement européen, va au-delà des clivages traditionnels, tout simplement car elle ne s'est jamais posée : jamais dans le passé de vieux États nations n'ont choisi de mettre en commun leur souveraineté fiscale de façon aussi ambitieuse que ce qui est proposé ici. Notre objectif est de contribuer à ce débat fondamental, et non d'enfermer les uns et les autres dans leurs certitudes de « gauche » et de « droite ».

• Pourquoi appeler ce budget « budget de démocratisation » ?

L'exercice budgétaire est au cœur du processus démocratique : dans un pays, l'exercice budgétaire concrétise le projet politique du gouvernement et fait jouer les forces démocratiques via la proposition et l'adoption du budget annuel du gouvernement. Le budget est donc l'acte fondateur d'une communauté politique dans la mesure où il crée l'espace politique et le levier démocratique. Créer un budget européen, c'est créer une communauté politique européenne, un espace public et démocratique.

De plus, ce budget servira à financer les conditions mêmes de la viabilité de la démocratie en Europe. En assurant le respect de la justice sociale et en assurant une croissance durable et plus équilibrée, ce budget répondra aux risques auxquels fait face l'Europe. L'État social, pour maintenir sa légitimité, doit être capable de redistribuer de manière équitable les richesses créées. L'Europe, pour justifier la légitimité du marché commun, doit être capable de réguler la mondialisation et d'orienter les économies vers une croissance non néfaste.

- **Pourquoi est-il urgent d'adopter le T-Dem ?**

Face à l'urgence financière, les États ont mis en place un véritable gouvernement économique européen pour gérer les défis de la crise de la dette. Le problème est que ce gouvernement d'urgence s'est institutionnalisé sans se démocratiser et il reste très opaque pour les citoyens.

Après l'urgence financière, l'Europe fait face à une véritable urgence sociale, démocratique et écologique. La montée du repli identitaire, la perte de sens du projet européen, le sentiment d'abandon de certaines parties de la population et le montée des inégalités font que l'Union européenne est devenue le bouc émissaire et le responsable désigné des tensions sociales.

Cette urgence justifie la mise en place d'un nouveau gouvernement européen, l'Assemblée européenne, qui permettra la démocratisation de la gouvernance économique et sociale de l'Union européenne. Le projet du T-Dem est de permettre la reconquête démocratique de l'Union européenne en donnant des outils concrets et réalistes pour reprendre en main le projet européen et répondre aux défis sociaux et écologiques, de créer un espace politique commun qui permette aux citoyens de réécrire un récit commun autour de l'Europe. Ce projet vise à sortir de l'impasse européenne en créant un commun européen.

• **En quoi ce projet est-il différent d'un énième appel pour l'Europe sociale ?**

En plus d'être un appel à la remobilisation d'une dynamique européenne, ce projet apporte enfin des propositions concrètes et précises permettant de transformer l'Europe et de mettre en place une plus grande justice fiscale et sociale. Nous formulons des propositions budgétaires et juridiques construites qui sont applicables telles quelles, mais qui sont aussi des outils pour négocier, une base de discussion précise qui montre qu'il est possible de faire des choses en Europe, que tout n'est pas bloqué. Nous proposons une utopie concrète, que nous espérons performative.

• **Que deviendrait le Parlement européen ? Comment la nouvelle Assemblée européenne s'articulerait-elle avec les autres institutions ?**

Il existe aujourd'hui un gouvernement économique européen qui s'est autonomisé par rapport à la gouvernance de l'Europe initiale et au Parlement européen autour de l'Eurogroupe. Cela justifie la création d'une nouvelle Assemblée pour contrôler démocratiquement ce gouvernement économique. Par ailleurs, l'Assemblée européenne a des compétences fiscales et se conçoit donc comme une instance européenne des Parlements nationaux tandis que le Parlement européen a un statut plus transnational. Le Parlement européen ne serait cependant pas étranger à cette nouvelle Assemblée puisque certains de ses députés y siégeraient.

• **Qu'entendez-vous par la mise en commun des dettes ?**

Nous proposons la possibilité (si l'Assemblée européenne le décide) d'une mise en commun du taux de refinancement des États pour tout ou partie de leurs dettes (article 10 du T-Dem). Cette proposition s'inspire du « fonds de rédemption de la dette publique » proposé en 2012 par le conseil d'économistes auprès de la Chancellerie allemande, à la différence importante près que c'est une instance démocratique (l'Assemblée européenne) et non une règle automatique qui décidera du rythme de remboursement. Chaque pays continuerait de rembourser sa propre dette, mais à un taux d'intérêt identique pour tous. Cela permettrait d'éviter une crise des *spreads* comme celle que l'on a vécue et instituerait un nouveau point de référence plus satisfaisant que celui du marché.

Il faut toutefois souligner que le T-Dem a été bâti principalement autour de la problématique de la justice fiscale, et en particulier autour de l'idée d'une Assemblée européenne adoptant des impôts communs afin de financer un budget de démocratisation. Les questions de l'emprunt, de la dette publique et de la monnaie jouent également un rôle dans le T-Dem, mais elles font partie des multiples points sur lesquels notre proposition peut et doit être précisée et améliorée. De façon générale, l'objectif du T-Dem n'est pas de clore la discussion mais de l'ouvrir sur une base précise, afin que chacun puisse s'en saisir, l'amender et l'améliorer.

• Votre proposition est-elle la seule possible ou est-il possible de l'amender ?

Nous insistons sur le fait que l'ensemble de notre proposition est amendable et modifiable et ne constitue qu'une base de discussion. En particulier, de très nombreux paramètres peuvent être modifiés. Ainsi, le pourcentage de députés nationaux (80 % dans le projet actuel) peut être abaissé. Le plafond de transferts fiscaux à 0,1 % du PIB est également ajustable selon que l'on souhaite orienter le budget vers un objectif de convergence des économies ou bien se concentrer sur la réduction des inégalités au sein des différents pays et financer des projets communs d'avenir. Autre exemple : nous avons proposé que le traité puisse être adopté par des États représentant au minimum 70 % de la population. Il nous semble que ce chiffre représente un seuil souhaitable pour que le contrôle de la gouvernance économique de l'Europe soit légitime. Cependant, on peut imaginer que le traité soit adopté par des pays représentant une proportion moindre de la population, uniquement sur son aspect budgétaire : une assemblée commune franco-belge ou franco-allemande ou franco-belgo-allemande levant un impôt commun sur les sociétés ou les grandes fortunes serait déjà une avancée non négligeable !

Notre objectif n'est pas de clore le débat, mais de l'ouvrir sur des bases précises : chacun est en droit d'être en désaccord avec nos propositions, mais à condition de dire précisément les alternatives envisagées. Le débat européen se meurt des affirmations selon lesquelles « rien n'est possible » ; espérons que le temps des propositions soit arrivé.

• Les traités européens ne mériteraient-ils pas d'être remis en cause plus globalement ?

La proposition du T-Dem vise à se donner les moyens d'agir avec les pays qui le souhaitent, sans qu'aucun pays ne puisse apporter son veto et bloquer l'ensemble. Mais il est bien évident que l'idéal à terme serait de refondre l'ensemble des traités européens. Il est trop facile cependant de dire que l'on va dénoncer l'ensemble des traités sans dire précisément par quels nouveaux traités on propose de les remplacer. Le fait de dénoncer certains aspects des traités existants peut constituer une stratégie utile à l'avenir, mais seulement à la condition de faire des propositions constructives et alternatives : c'est l'esprit du T-Dem.

• **Pourquoi ne pas améliorer ce qui existe déjà, dans le cadre des institutions actuelles ?**

Le problème est que les institutions européennes actuelles, à cause notamment du droit de veto de chaque pays sur les questions fiscales, ne permettent pas d'avancer vers une plus grande justice fiscale. Faire croire le contraire, alors que les citoyens européens constatent depuis des années que cela ne fonctionne pas, revient à aggraver le sentiment de défiance face aux institutions européennes.

• Quel intérêt auraient l'Irlande ou le Luxembourg à rejoindre le budget qui impose un taux d'impôt minimal sur les sociétés élevé ?

Le budget proposé ne consiste pas uniquement en des impôts, ce sont aussi des investissements dans des projets d'avenir. La concurrence fiscale est un levier de développement peu solide et peu créateur de valeur ajoutée, la transition écologique de l'ensemble d'un continent en coopération est un levier de développement bien plus attrayant. Il faut rompre le cercle vicieux de la concurrence déloyale.

Et si rien n'oblige l'Irlande ou le Luxembourg à rejoindre le projet dans l'immédiat, rien ne leur permet de bloquer les pays qui souhaitent avancer. Les pays rejoignant le T-Dem auront ainsi la possibilité de démontrer aux autres l'intérêt d'avoir des impôts et des budgets communs, et de les convaincre de rejoindre le projet.

• Comment est-il possible que certains pays avancent sans les autres ? Est-ce autorisé par les traités actuels ?

Tous les pays ont toujours le droit de conclure des traités bilatéraux ou multilatéraux entre eux, à partir du moment où cela ne viole pas les traités qu'ils ont déjà conclus dans le passé (sauf bien sûr à dénoncer ces derniers). En l'occurrence, le T-Dem ne viole aucun des traités européens existants, car les nouvelles souverainetés attribuées par le T-Dem à l'Assemblée européenne (en particulier sur le plan fiscal) ne sont pas couvertes par les traités actuels.

• Quel est l'intérêt de n'avancer qu'avec quelques pays ?

L'une des raisons pour lesquelles l'Europe est réputée immuable est la lourdeur des négociations à 27 ou 28 pays. L'Union européenne a été construite par quelques pays avant de s'étendre. Il paraît logique qu'elle avance dans un premier temps en petit comité. Le système actuel des « coopérations renforcées » est insuffisant, car il ne s'appuie pas sur de véritables institutions démocratiques : d'où la proposition de T-Dem et de création d'une Assemblée européenne, qui *de facto* fournit un cadre démocratique légitime pour l'adoption de « coopérations renforcées » beaucoup plus ambitieuses que celles permises actuellement, notamment sur le plan fiscal et budgétaire.

• **Pourquoi ne pas utiliser le mécanisme de la « coopération renforcée », prévu par les traités existants ?**

La « coopération renforcée » entre États membres de l'Union est parfois présentée comme un mécanisme permettant de dépasser le verrou de l'unanimité, notamment dans le domaine fiscal. Mais en réalité, ce mécanisme repose sur des règles extrêmement contraignantes qui bloquent aujourd'hui de véritables avancées en matière fiscale ou institutionnelles. En effet, la mise en œuvre d'un impôt commun sur les sociétés (ou de tout autre impôt commun) dans le contexte de la coopération renforcée nécessiterait un minimum de 9 États participants, ainsi que l'accord du Conseil, à la majorité qualifiée.

Concrètement, cela veut dire que, en plus de s'assurer de la participation de 9 États membres, il faudrait obtenir le vote de 55 % des États membres au Conseil, représentant 65 % de la population, pour valider l'initiative. Plus contraignant encore : si la Commission ne donnait pas son accord au préalable (ce qui est probable), il faudrait obtenir l'accord de 72 % des États membres représentant 65 % de la population de l'Union ! Et enfin, 4 États représentant 35 % de la population pourraient bloquer net la proposition.

En bref, la coopération renforcée ne permet pas aujourd'hui à un petit groupe de pays de se lancer dans une harmonisation fiscale ou une réforme institutionnelle ambitieuse. À l'inverse, rien n'empêche quelques États pionniers de créer des impôts communs en s'appuyant sur un Traité et une Assemblée du même type que ce que nous proposons. Nous pensons que cela pourrait créer une dynamique d'entraînement (comme ce fut le cas au début de la construction européenne) capable de briser l'inertie institutionnelle actuelle.

• Comment pouvez-vous être sûrs que l'Assemblée européenne adoptera un budget du type de celui que vous proposez ?

Par définition, nous ne pouvons pas savoir à l'avance ce que l'Assemblée européenne adoptera. Mais nous sommes convaincus que la seule façon de faire avancer l'Europe est de faire confiance à la démocratie.

Actuellement, compte tenu de la règle de l'unanimité fiscale, il n'existe aucune possibilité d'adopter des impôts communs pour réduire les inégalités en Europe. Avec l'Assemblée européenne et le T-Dem, cette possibilité existera. Au pire, l'Assemblée européenne n'adoptera aucun de ces impôts, ou bien ne les adoptera qu'avec des taux extrêmement réduits, tout du moins dans un premier temps. Mais cela n'empêchera en rien les États de continuer de suivre les politiques fiscales menées actuellement : l'Assemblée européenne ouvre la possibilité d'adopter des impôts communs, et en l'occurrence des impôts redistributifs et écologiques (impôts sur les bénéfices des sociétés, sur les hauts revenus, sur les hauts patrimoines et sur les émissions carbone), mais ne retire rien aux droits des États.

Par ailleurs, toute l'histoire parlementaire et fiscale démontre que le fait de créer des assemblées parlementaires dotées de pouvoirs fiscaux importants bouleverse très rapidement les dynamiques politiques. Dès lors que le 16e amendement à la Constitution américaine a été adopté en 1913, le Congrès fédéral a très vite utilisé ses nouveaux pouvoirs pour adopter les impôts sur les revenus et les patrimoines hérités parmi les plus progressifs de l'histoire. À l'inverse, ce sont l'absence d'un pouvoir parlementaire fiscal fédéral et la course poursuite entre Parlements nationaux qui expliquent pourquoi l'Europe s'est lancée depuis les années 1980-1990 dans un abaissement généralisé des taux de l'impôt sur les bénéfices des sociétés, alors que le Congrès fédéral étatsunien maintenait un impôt sur les sociétés à 35 % (jusque récemment), en sus des impôts des États. Si une Assemblée européenne en avait le pouvoir, il est probable qu'elle choisirait un impôt commun à taux élevé sur les bénéfices des sociétés, afin de mettre à contribution les acteurs économiques les plus puissants, comme le demande très majoritairement l'opinion européenne, au-delà des clivages politiques.

• **Est-ce que la création d'une Assemblée parlementaire est le meilleur levier de démocratisation ?**

Il existe aujourd'hui bien d'autres pistes de démocratisation qui ne peuvent être négligées, à commencer par la palette large des outils de la « démocratie participative ». Le traité pourra bien sûr être enrichi sur ce point, mais on aurait tort d'opposer la démocratie des parlements à celle des mobilisations citoyennes et des formes de contre-expertise. Tous les enseignements récents en la matière montrent que ces dernières ont vocation à être articulées et structurées aux formes de la démocratie représentative si l'on souhaite éviter qu'elles ne demeurent des solutions cosmétiques comme c'est trop souvent le cas au niveau européen, national ou local. Au contraire, en faisant une greffe démocratique au cœur du bloc de pouvoir que constitue le gouvernement économique européen, on ouvre une brèche dans laquelle les causes citoyennes jusqu'ici évincées comme les voix hétérodoxes jusqu'ici marginalisées pourront désormais s'engouffrer. Par ses pouvoirs d'audition et d'enquête, par la capacité d'expertise économique pluraliste dont elle est dotée, et par ses pouvoirs de proposition et de décision en matière législative et budgétaire, l'Assemblée et ses différents groupes politiques constitueront bien au contraire un allié et un levier politiques essentiels pour porter ces voix au cœur du gouvernement de l'Union.

• En quoi ce Traité de démocratisation diffère-t-il de celui qui avait été proposé dans le cadre de la campagne présidentielle de 2017 (*Pour un traité de démocratisation de l'Europe*, Seuil, 2017) ? Quels changements ont-ils été introduits ?

Le T-Dem n'a jamais été pensé comme une proposition clé en main mais comme un *work in progress* ouvert aux retouches et aux correctifs. Sa publication dans neuf langues européennes et les nombreux débats qu'il a suscités ont aussi permis de faire apparaître quelques évolutions possibles.

La modification principale introduite ici tient à l'ouverture du Traité de démocratisation à la signature de l'ensemble des 27 États membres de l'Union, et non plus aux seuls membres de la zone euro. C'est pourquoi nous parlons désormais d'Assemblée européenne et non plus d'Assemblée parlementaire de la zone euro.

C'est plus conforme à l'idée que nous nous faisons de la communauté de destin européenne : celle-ci tient moins à l'appartenance ou non à l'euro qu'à la volonté marquée de participer à la communauté politique que dessine, par les impôts et par les investissements du long terme, le Budget des biens publics d'échelle européenne. C'est pour cette raison que le budget apparaît désormais dès l'article 1 comme élément central de la refondation démocratique de l'Union.

Mais c'est aussi plus conforme au gouvernement économique de l'Union tel qu'il fonctionne aujourd'hui. De la surveillance européenne des politiques budgétaire et fiscale des États membres (« Semestre européen ») à l'autorité de supervision des banques privées, en passant par les politiques de redressement des États en difficulté financière, ce nouveau gouvernement économique européen a beau avoir des contours institutionnels chaque fois différents, il affecte bel et bien toujours l'ensemble des citoyens de l'Union. Ce n'est sans doute pas une surprise de ce point de vue-là si une part importante des réunions de l'Eurogroupe ont désormais lieu non plus à 19 (États ayant l'euro pour monnaie), mais bien à 27.

Par ailleurs, la version de 2018 du T-Dem est beaucoup plus ambitieuse en termes de justice fiscale et environnementale (avec la possibilité d'adopter des impôts communs sur les hauts revenus, les hauts patrimoines et les émissions carbone, et non plus seulement les bénéfices des sociétés) et inclut un projet de budget permettant de mesurer concrètement le type de modèle européen de développement que cette proposition de démocratisation pourrait permettre de promouvoir.

NOTRE PROJET DE BUDGET DE DÉMOCRATISATION POUR L'EUROPE

Notre projet politique est de bâtir un modèle européen original de développement social, équitable et durable. Nos propositions reposent sur la création d'une Assemblée européenne, démocratique et souveraine, compétente pour adopter un budget et une fiscalité au niveau européen permettant de répondre ensemble aux défis de notre avenir. Ce budget est conçu comme un levier pour qu'existe un nouvel espace politique transnational où les élus mais aussi les mouvements sociaux et les ONG reprennent la main et participent directement à la définition des objectifs politiques européens.

Notre objectif est de financer les investissements nécessaires pour transformer notre régime de croissance et créer un commun européen et non d'opérer des transferts entre les pays de l'Union. Nous souhaitons réduire les inégalités à l'intérieur des pays (et non uniquement entre les pays). Aussi, les recettes versées par chaque pays devront être approximativement équivalentes aux dépenses dont il bénéficiera, avec un écart qui ne pourra dépasser 0,1 % de son PIB.

Ce calcul exclut toutefois les dépenses et investissements réalisés dans un pays en vue de satisfaire un objectif d'intérêt commun bénéficiant également à tous les pays, par exemple la lutte contre le réchauffement climatique.

Rappelons un point crucial : même avec des transferts très limités entre États, la mise en place d'une fiscalité ambitieuse commune sur les bénéfices ou les hauts revenus et patrimoines au niveau européen constitue en soi une avancée déterminante pour réguler la mondialisation et atteindre les objectifs de développement écologique et social. Elle met en effet fin à une course vers le bas en matière de fiscalité, qui s'opère au détriment des États, des classes moyennes et des classes populaires. La fiscalité que nous défendons a également un rôle incitatif dans les comportements pour accélérer la nécessaire transition écologique de nos sociétés.

Ici, nous présentons une proposition de ce que pourrait être ce budget européen. Aux membres de l'Assemblée européenne de l'amender dans un processus de concertation démocratique et de le soumettre au vote.

1. Quels objectifs ?

Dans sa version actuelle, notre budget est ambitieux, il s'élève à 4 % du PIB c'est-à-dire quatre fois l'actuel budget de l'Union européenne.

Il vise à :

– Transformer le régime de croissance actuel en un régime soutenable quant à notre

impact sur l'environnement et l'évolution des inégalités de revenu.
- Défendre le droit à la mobilité en garantissant un accueil des migrants et une intégration des personnes respectueux de nos valeurs.
- Accroître notre capacité à générer des emplois en améliorant l'innovation *made in* Europe pour protéger les travailleurs.

Un budget est constitué de recettes et de dépenses. Les dépenses seront directement orientées vers la réalisation de ces trois objectifs (des projets d'investissement ciblés pour opérer la transition vers un régime de croissance soutenable, l'accompagnement des acteurs de cette transformation, l'organisation commune de l'accueil et de la formation des migrants et le financement de la recherche pour redresser la capacité d'innovation européenne). Mais le choix des leviers fiscaux est également un moyen d'orienter les comportements des agents vers la réalisation des objectifs et de répondre à certains déséquilibres économiques et sociaux. Les recettes du budget européen seront donc constituées par la taxation progressive sur les hauts revenus et patrimoines pour réduire les inégalités par la redistribution, par l'imposition des bénéfices des sociétés pour que les entreprises contribuent au développement et à l'entretien des biens publics et par la taxation des émissions carbone pour inciter les activités plus respectueuses de l'environnement.

2. Comment ce budget est-il dépensé ?

4 % du PIB européen pour...

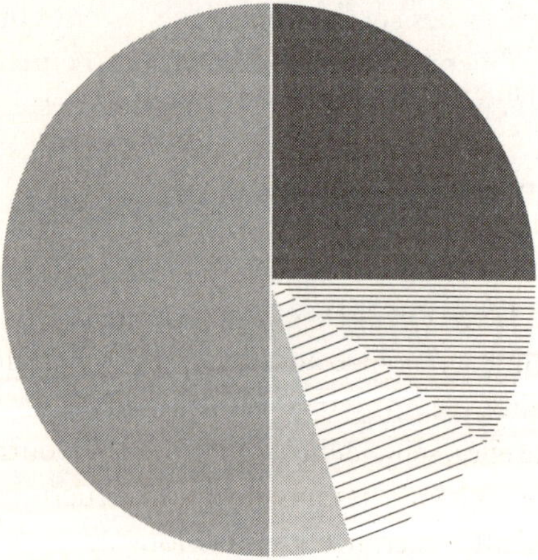

- Orienter les investissements vers la transition écologique (Fonds européen pour la transition) 0,4 %
- Financer l'accueil et l'intégration des migrants 0,4 %
- Accompagner les acteurs de la transition 0,2 %
- Financer la recherche et les universités 1 %
- Reverser des recettes fiscales aux États, par exemple pour abaisser les impôts sur les plus modestes 2 %

a) Fonds européen pour la transition : 0,4 % du PIB

Pourquoi 0,4 % ?

Pour atteindre les objectifs de l'accord de Paris et pallier les manques criants du plan Juncker.

L'écart de dépenses des projets d'investissement pour atteindre les objectifs de la COP 21 a été estimé à 2,1 % du PIB, soit 320 milliards d'euros en fourchette haute. Or le plan Juncker, lancé en 2015 par la Commission européenne, cofinance au maximum 100 milliards d'euros par an, soit trois fois moins que nécessaire et ce, seulement jusqu'à 2020. En outre, ce plan a financé des projets d'infrastructures qui tendent à accroître les émissions de CO_2 plutôt qu'à les réduire (élargissement d'une autoroute en Allemagne, par exemple). Il est donc largement insuffisant pour orienter les investissements vers des projets compatibles avec une croissance soutenable.

Notre budget prévoit de combler l'écart financier et de modifier l'orientation des investissements. Le Fonds européen pour la transition, constitué d'une base d'argent public, vise à attirer des capitaux privés pour cofinancer de nouveaux projets d'investissements contribuant à un changement du mode de croissance, comme le logement durable, les mobilités et logistiques vertes, la production d'énergies renouvelables et leur distribution, l'amélioration de la qualité de l'air, le recyclage des déchets.

Comment passer de 0,4 % du PIB dont le Fonds est doté aux 2,1 % du PIB nécessaires à l'atteinte des objectifs de Paris ?

En attirant des capitaux privés pour cofinancer de nouveaux projets d'investissements.

– D'une part, cette première base d'argent public constitue un « apport » pour permettre d'emprunter à un taux avantageux et ainsi d'augmenter le montant destiné aux investissements. Par ce mécanisme, le Fonds correspondrait à un montant réellement disponible pour investir dans la transition d'environ 1 % du PIB.

– D'autre part, le Fonds constitue un coussin pour attirer des investisseurs privés et doubler la capacité d'investissement. En effet, par essence, les projets « nouveau régime » comportent plus d'incertitude que des projets classiques (comme une autoroute) et sont donc de nature plus risquée pour les investisseurs. Aussi, pour sécuriser les investisseurs, il est nécessaire que l'acteur public accepte de subir les premières pertes d'un projet s'il ne produit pas les résultats attendus. En contrepartie, nous conditionnons l'accès à ce fonds au respect de nos principes de justice sociale : pas d'évasion fiscale, un mode de production limitant l'usage de produits phytosanitaires risqués, etc.

b) Financement d'une gestion commune des migrations : 0,4 % du PIB

Une politique commune de l'accueil, de la gestion des flux migratoires et de l'intégration comprendrait :

– La garantie des conditions d'accueil des demandeurs d'asile et de titres de séjour.

– L'ouverture de nouvelles voies d'immigration légale pour remplir les besoins de main-d'œuvre. Les travailleurs immigrés cotisent comme les autres travailleurs au système social du pays d'accueil. Toutes les études montrent que les coûts et les bénéfices économiques liés à l'immigration s'équilibrent, avec un solde légèrement positif. Nous devons donc soutenir l'intégration des migrants légaux pour qu'ils s'insèrent le plus rapidement sur le marché du travail.

– La répartition des coûts entre les États membres. Les entrées irrégulières depuis 2015 ont principalement concerné l'Italie, la Grèce et l'Espagne qui doivent recevoir une aide financière pour y faire face et ainsi garantir des conditions d'accueil.

c) Accompagnement des acteurs de la transition : 0,2 % du PIB

Transformer les pratiques sera coûteux en termes d'emplois et de revenus. Le budget prévoit des revenus de compensation.

Le modèle agricole actuel est centré sur le productivisme et les exploitations de petites tailles sont généralement fragiles. Nous prévoyons des transferts pour compenser les pertes de revenus des agriculteurs dont les pratiques limitent, voire excluent, l'usage d'intrants chimiques et amènent à une gestion soutenable des sols et des services environnementaux. L'objectif affiché est d'avoir un impact environnemental net positif. Ainsi, la fonction sociale de l'agriculteur évoluerait de son rôle initial de nourrir les citoyens (pilier I) et d'assurer et maintenir le développement rural (pilier II), à celui de garantir la reproduction des écosystèmes et de protéger l'environnement (pilier III).

Dans l'industrie, nous prévoyons, d'une part, de compenser en partie le coût privé de déclassement précoce de certaines infrastructures et équipements pour mise en conformité avec la COP21. D'autre part, la longue chaîne de valeur manufacturière inclut une production en dehors de l'Union européenne qui pose la question du dumping environnemental et social. En effet, alors que les industries européennes sont soumises à une réglementation plus contraignante que d'autres régions du monde (les industries chimiques en sont un bon exemple), les entreprises européennes pourraient être tentées de se fournir dans des pays ne respectant pas ces règles. Aussi, le budget inclut-il des incitations fiscales vers les entreprises européennes dont les pratiques limitent l'arbitrage environnemental et social pour garantir le développement et le maintien d'une filière européenne respectueuse des règles.

d) Financement de la recherche et des universités pour favoriser l'innovation : 1 % du PIB

Pourquoi 1 % ?

Pour donner à l'Europe la capacité de créer des emplois en améliorant sa capacité de croissance et rattraper celle des États-Unis.

D'après les estimations de l'OCDE, l'Europe a structurellement la capacité de croître autour d'un rythme de 1,2 % par an. Les États-Unis, en revanche, ont la capacité de croître autour de 2 % par an. Si l'Europe réussissait à améliorer sa capacité de croissance pour atteindre 2 %, cela permettrait de créer environ 500 000 emplois par an et la rendrait moins vulnérable aux chocs économiques. Pour améliorer la capacité structurelle d'une économie à croître, il faut augmenter sa capacité d'innovation.

En moyenne, les dépenses en recherche et développement s'élèvent à 2,7 % du PIB aux États-Unis et 2 % du PIB en Union européenne. Cela représente un écart de 130 milliards d'euros par an. C'est dix fois plus que ce que prévoit le budget européen actuel dont les dépenses pour la recherche atteignent seulement 13 milliards d'euros par an dans le cadre d'Horizon 2020. En réalité, l'essentiel du financement de la recherche et développement se fait au niveau national, ce qui réduit notre capacité à innover.

Notre budget prévoit non seulement de combler cet écart, mais de le dépasser en consacrant 150 milliards d'euros à la recherche et 37 milliards d'euros au fonctionnement des universités pour accélérer l'innovation (1 % du PIB en tout).

e) Transferts directs aux États contributeurs : 2 % du PIB

Les États disposeront librement de ces nouvelles recettes fiscales. Ils pourraient ainsi réduire les impôts ou effectuer des transferts monétaires aux citoyens de chaque pays.

Nous suggérons que ces transferts permettent :

– d'alléger les impôts et prélèvements pesant sur les ménages modestes (TVA, taxes indirectes, impôts et contributions pesant sur les salaires) ;

– de compenser la baisse de revenu du travail ou la perte d'activité liée au changement du mode de croissance ;

– de former de nouvelles compétences dans les emplois adaptés au nouveau mode de croissance.

3. Comment ce budget est-il financé ?

Nous proposons la création de quatre impôts européens pour faire face aux grands défis du XXIe siècle et financer le budget commun. La simple mise en place de ces impôts, au-delà des recettes qu'ils génèrent et qui permettent de financer les investissements, participe déjà à la poursuite des objectifs du budget. En effet, les quatre axes de cette fiscalité européenne sont pensés de façon à mieux réguler la mondialisation par des mécanismes redistributifs efficaces et par la lutte contre la concurrence fiscale ainsi qu'à réorienter l'économie vers des activités moins polluantes.

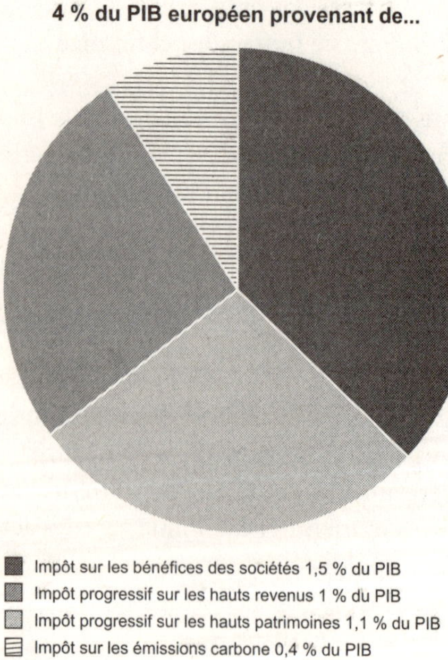

a) Impôt sur les bénéfices des sociétés : 1,5 % du PIB

Actuellement le taux national d'impôt sur les bénéfices des sociétés est en moyenne de 22 %

dans l'Union européenne (alors qu'il était de 45 % au début des années 1980).

Nous proposons que l'Assemblée européenne crée un impôt européen commun au taux européen additionnel de 15 % des bénéfices, qui sera levé dans tous les pays signataires pour financer le budget commun. Cet impôt européen n'est pas exclusif : chaque État restera libre de lever un impôt supplémentaire. De plus, nous proposons que l'Assemblée européenne établisse un taux minimal d'imposition (somme du taux européen et du taux national) égal à 37 % des bénéfices.

Concrètement cela signifierait que :

– Dans les États appliquant aujourd'hui un taux national d'impôt sur les sociétés égal ou supérieur à 22 %, l'Assemblée européenne introduirait un taux européen additionnel de 15 %. Les recettes de l'impôt supplémentaire de 15 % seraient reversées au budget commun.

– Dans les États appliquant aujourd'hui un taux d'impôt sur les sociétés inférieur à 22 % (par exemple 10 %), l'Assemblée européenne introduirait en plus du taux européen additionnel de 15 % alimentant le budget commun un second taux additionnel de 12 % de façon à porter le taux global à 37 %. Les recettes correspondant au second taux additionnel seraient reversées directement à l'État concerné et n'auraient donc pas d'impact sur les recettes versées au budget commun. Mais ce taux global minimal permettra de lutter contre la concurrence fiscale et la course poursuite aux délocalisations.

Recettes apportées par ce taux additionnel de 15 % sur les bénéfices des sociétés : environ 1,5 % du PIB. Il s'agit d'une estimation relativement conservatrice : les recettes pourraient augmenter grâce à l'élimination des niches et une meilleure lutte contre l'évasion, la fraude et l'optimisation fiscales, particulièrement intenses concernant l'impôt sur les sociétés. En particulier, nous proposons que l'Assemblée européenne applique le même principe appliqué aux États-Unis (et défendu notamment par Gabriel Zucman) consistant à allouer les bénéfices globaux des sociétés en proportion des ventes réalisées dans les différents États. L'Assemblée européenne pourrait également voter un système de taux additionnel réduit à 10 % pour les petites entreprises et porté à 20 % pour les plus grosses, pour des recettes totales équivalentes.

Pourquoi taxer le bénéfice des entreprises ?

Les entreprises européennes bénéficient d'infrastructures de qualité, de facilité dans les liens commerciaux entre les pays de l'Union européenne et de nombreux avantages liés à l'action des gouvernements. Ces avantages leur permettent de réaliser du profit et de développer leur activité. Ces avantages sont des biens publics, car ils sont profitables à tous sans exclusion. Imposer le bénéfice des entreprises est un moyen de les faire contribuer au maintien de ces biens publics. De plus, l'impôt permet aux États de lever suffisamment de fonds pour entretenir les biens publics qui risqueraient d'être détériorés par l'activité économique et ainsi de faire intégrer aux entreprises dans leur coût les potentiels effets négatifs de leur activité.

De nombreux biens publics sont européens et non nationaux. Créer un impôt commun permet de reconnaître également que les biens communs comme la qualité de l'environnement, le niveau d'éducation de la main-d'œuvre européenne, la capacité d'innovation du tissu productif ne respectent pas les frontières administratives des États.

Pourquoi imposer un taux minimal commun à l'ensemble de l'Europe ?

Dans le marché commun européen, l'une des problématiques majeures est celle de la concurrence fiscale. Elle permet aux multinationales européennes de bénéficier de taux d'imposition hyper-avantageux à leurs portes. Une partie des profits est artificiellement transférée vers des pays européens à basse fiscalité, via des pratiques d'évasion ou d'optimisation fiscale. Ces pratiques réduisent les recettes fiscales des pays et contribuent à détériorer la capacité de financer des biens publics. Le fait de lever un impôt commun européen permet de limiter le manque à gagner fiscal de certains États. Cela devrait notamment favoriser la possibilité de taxer des entreprises telles que les GAFAM

(Google-Apple-Facebook-Amazon-Microsoft) qui réalisent un profit sur le marché européen sans payer d'impôt ou en en limitant au maximum le taux.

b) Impôt progressif sur les hauts revenus : 1 % du PIB

En 2018, le taux marginal d'impôt sur le revenu applicable aux revenus les plus élevés était en moyenne de 40 % en Europe (alors qu'il était de 65 % au début des années1980). L'objectif est de rétablir la progressivité fiscale au sommet de la hiérarchie des revenus en créant des taux marginaux additionnels prélevés au niveau européen sur les très hauts revenus.

Ces taux marginaux européens additionnels devraient être de 10 % sur les revenus individuels annuels supérieurs à 100 000 € (200 000 € pour un couple) et de 20 % sur ceux supérieurs à 200 000 € (400 000 € pour un couple).

Compte tenu du taux marginal supérieur de 40 % actuellement appliqué en moyenne dans l'Union européenne, cela signifie que le taux marginal global (somme des taux nationaux et européens) sera en moyenne de 50 % sur les revenus individuels supérieurs à 100 000 € (200 000 € pour un couple) et 60 % sur ceux supérieurs à 200 000 € (400 000 € pour un couple).

Les recettes apportées par ces taux marginaux additionnels de 10 % et 20 % sur les hauts revenus s'élèveront à environ 1 % du PIB. Il s'agit d'une estimation relativement conservatrice : les recettes pourraient augmenter grâce à l'élimination des niches et une meilleure lutte contre l'évasion et la fraude.

L'Assemblée pourrait également décider de voter un mécanisme permettant de mettre en place un taux marginal supérieur minimal au niveau national (en versant aux États concernés le reliquat de recettes correspondantes).

Un impôt progressif sur les hauts revenus et hauts patrimoines européens, pourquoi ?

L'impôt progressif est un outil de redistribution et de financement de l'État social mis en place au XXe siècle à la suite des deux guerres mondiales, à une époque où l'idée d'égalité entre les citoyens et celle de l'État-providence se développaient. C'est grâce à la progressivité fiscale au sommet de la hiérarchie des revenus que la concentration des patrimoines n'a pas retrouvé après 1945 les niveaux atteints à la Belle Époque.

Depuis les années 1970-1980 cependant, le principe de progressivité de l'impôt, notamment sur les plus hauts revenus, a été remis en cause par la libre circulation des capitaux qui ouvre les portes à l'évasion fiscale dans un monde où les règles fiscales ne sont pas harmonisées entre les pays. Faute de coordination suffisante, les États européens sont donc incités à mener des politiques de concurrence fiscale pour attirer les capitaux ou éviter l'évasion des grandes fortunes. Il a, par exemple, fallu attendre que les États-Unis prennent des mesures pour que le secret bancaire suisse soit mis à mal (timidement et incomplètement). Seuls des impôts communs peuvent permettre de renverser la vapeur.

Aujourd'hui, l'impôt est même souvent régressif en haut de la distribution des revenus. La taxation du capital fait l'objet de nombreuses dérogations dans le cadre de cette concurrence fiscale. Or les revenus les plus élevés sont ceux qui reposent le plus sur les rendements du capital. Cela a pour effet de renforcer la concentration du patrimoine et donc les inégalités en Europe : les patrimoines européens ont aujourd'hui retrouvé une prospérité comparable à celle de la Belle Époque.

L'harmonisation des politiques fiscales sur les hauts revenus européens entre les États membres limiterait, comme dans le cas de l'impôt sur les bénéfices, la concurrence fiscale.

Outre l'important manque à gagner fiscal qu'elle induit, l'incapacité des États européens à mettre en place des impôts progressifs sur les hauts revenus et patrimoines a plusieurs conséquences dangereuses pour la stabilité même du continent et de l'Union européenne. Le caractère régressif des prélèvements en haut de la hiérarchie des revenus et patrimoines nourrit un sentiment d'injustice fiscale et menace le consentement à payer l'impôt des autres contribuables. Cela remet directement en cause le consensus autour de l'État social et son financement. De plus, la mondialisation commerciale, que promeut le marché commun européen, exerce une pression sur les travailleurs peu qualifiés des pays riches. Si le système fiscal européen reste incapable de compenser les perdants du marché commun par la redistribution, le rejet du projet européen est inéluctable.

Ainsi la mise en place d'un impôt commun européen sur les hauts revenus et patrimoines, en plus de financer un budget commun, permettrait de préserver l'ouverture économique et de déjouer la tentation du repli protectionniste. Si l'Union européenne a mis en place le marché commun, elle doit être capable de le réguler pour éviter le développement sans limites des inégalités patrimoniales.

c) Impôt progressif sur les hauts patrimoines : 1,1 % du PIB

Actuellement, l'imposition directe du patrimoine prend principalement des formes régressives en Union européenne, en particulier sous forme de taxation des biens immobiliers, sans prise en compte des actifs financiers (qui forment pourtant l'essentiel des plus gros patrimoines). Nous proposons donc la mise en place d'un impôt progressif sur les plus hauts patrimoines (patrimoines immobiliers, professionnels et financiers, nets de dettes).

Le taux marginal serait de 1 % sur les patrimoines nets individuels supérieurs à 1 million d'euros et de 2 % sur ceux supérieurs à 5 millions d'euros.

Les recettes apportées par ces taux marginaux de 1 % et 2 % sur les hauts patrimoines s'élèveraient à environ 1,1 % du PIB. Il s'agit d'une estimation relativement conservatrice : les recettes pourraient augmenter grâce à l'élimination des niches et une meilleure lutte contre l'évasion et la fraude.

Pourquoi imposer le patrimoine en plus du revenu ?

Aujourd'hui, dans la plupart des pays européens, le revenu fiscal (le revenu des ménages qui est imposé) est le revenu effectivement versé qui est disponible pour la consommation. Dans le cas des fortunes patrimoniales, le revenu économique peut se dissocier du revenu fiscal. En effet, les grandes fortunes disposent d'actifs qui ont un rendement chaque année. Les détenteurs du capital n'ont pas nécessairement besoin de se verser la totalité de ce rendement, le reste est donc gardé dans des holdings, par exemple. Cela représente un important manque à gagner fiscal et une sous-taxation de la richesse de certains individus et peut expliquer que la progressivité de l'impôt ne soit pas respectée en haut de la hiérarchie des revenus.

Pour éviter cela, une solution consiste à se baser sur la valeur du patrimoine pour calculer l'impôt dû et imposer comme il se doit le rendement tiré de ce capital et non sur le revenu réellement touché. Nous proposons de taxer les patrimoines individuels de plus de 1 million d'euros à hauteur de 1 % par an et les patrimoines de plus de 5 millions d'euros à hauteur de 2 % par an. Encore une fois, en théorie chaque pays pourrait mettre en place ce type d'impôt individuellement, cependant, en l'absence de la transmission automatique d'informations entre les pays, les risques d'évasion sont élevés. L'harmonisation et la mise en place d'un impôt commun limitent ce risque.

Pourquoi un taux si bas ? En portant directement sur la valeur du patrimoine détenu, l'impôt touche un stock et non un flux de richesse (comme c'est le cas pour l'imposition des revenus). Un taux bas suffit donc à lever des recettes importantes. Appliqué à l'ensemble des pays de l'Union européenne, cet impôt sur le patrimoine concernerait environ 2,5 % de la population et rapporterait chaque année l'équivalent de 2 % du PIB européen. En effet, les patrimoines élevés représentent plus de cinq années de PIB européen, et les centiles supérieurs en détiennent une part considérable.

Par ailleurs, le rendement observé des patrimoines des plus grandes fortunes européennes est d'environ au moins 6 ou 7 % par an. Un taux à 1 ou 2 % apparaît donc très raisonnable et pourrait, le cas échéant, être relevé. L'impôt progressif sur les hauts patrimoines permettra en outre d'apporter plus de transparence sur les patrimoines et de nourrir les débats futurs sur les taux à appliquer.

d) Impôt sur les émissions carbone : 0,4 % du PIB

Nous proposons d'instaurer un taux plancher minimal de 30 € sur chaque tonne de carbone émise sur le territoire européen.

L'Union européenne s'est positionnée depuis plusieurs années comme un leader dans le domaine de la réduction des émissions de CO_2. Mais dans plusieurs pays européens, les réductions d'émissions ne sont pas assez rapides pour atteindre les objectifs fixés par l'accord de Paris.

Les États européens soumettent déjà de nombreux secteurs de l'économie à une taxation sur le carbone. Cette taxation peut être explicite ou implicite. Par taxation explicite, nous entendons soit une taxe sur le carbone (comme c'est le cas en Suède, en Irlande ou en France, par exemple), soit la participation à un marché des droits à polluer, au sein duquel certains secteurs polluants doivent acheter des quotas d'émissions (tous les pays européens sont soumis au système d'échange de quotas d'émission, dit ETS). En plus de ces mécanismes, tous les États européens disposent également de taxes sur l'énergie, qui agissent comme des taxes implicites sur le carbone.

Ces différents systèmes de taxation du CO_2 (par une taxe, par un système de quotas, ou par des taxes sur l'énergie) ne sont pas harmonisés entre pays et entre secteurs au sein des pays. Ainsi la taxe carbone sur le CO_2 en Suède pour le secteur résidentiel est supérieure à 150 € par tonne, alors qu'en Allemagne la taxation effective du carbone via les taxes sur l'énergie est inférieure à 25 €. Au sein d'un même pays, la taxation sur le carbone peut être plus élevée pour un secteur que pour un autre du fait d'exemptions ou de modulations des taux de taxation sur le carbone ou l'énergie.

Nous proposons d'établir un taux plancher sur chaque tonne de carbone émise sur le territoire européen, de 30 € dans le scénario central proposé.

Même si le taux de taxation carbone proposé ici peut paraître relativement faible, soulignons que son introduction sur chaque tonne de carbone émise sur le sol européen représente une avancée considérable. En effet, aujourd'hui, malgré des taux élevés dans certains secteurs, d'autres n'ont aucune taxation carbone. Par ailleurs, il s'agit ici d'un taux plancher : afin d'atteindre leurs objectifs climatiques, les États devront adopter des taux plus élevés.

La proposition consiste donc à mettre en place un mécanisme instaurant un taux minimal d'achat des quotas de pollution dans le cadre du système communautaire d'échange de quotas d'émission (ETS). Pour les systèmes hors ETS (comme le secteur résidentiel, par exemple), le taux plancher revient soit à rehausser le niveau de la taxe carbone si le pays dispose d'une telle mesure et que le taux est inférieur au plancher européen, soit à introduire une taxe supplémentaire pour s'assurer que la taxation effective de l'énergie correspond à une taxe au moins aussi élevée que le taux plancher.

Nous proposons également que l'assemblée vote un calendrier prévoyant une hausse progressive de ce taux dans les années à venir (en le portant dès 2020 à 40 € et à 50 € en 2022), afin d'envoyer un signal clair aux acteurs économiques.

4. Le budget de l'Assemblée européenne et le budget européen actuel

Budget de la nouvelle Assemblée européenne (4 % du PIB)

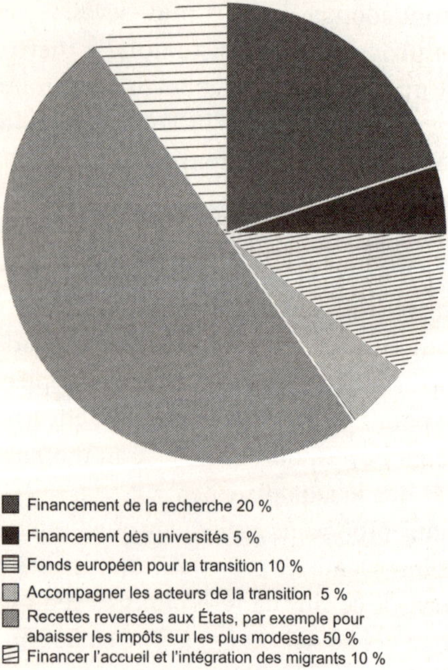

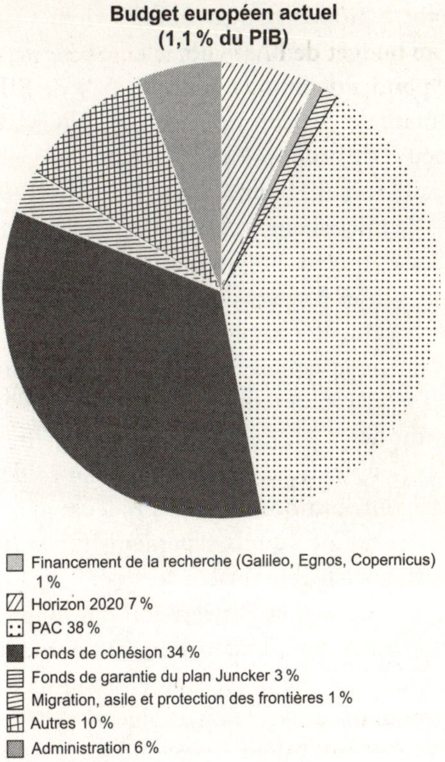
Budget européen actuel
(1,1 % du PIB)
Financement de la recherche (Galileo, Egnos, Copernicus) 1 %
Horizon 2020 7 %
PAC 38 %
Fonds de cohésion 34 %
Fonds de garantie du plan Juncker 3 %
Migration, asile et protection des frontières 1 %
Autres 10 %
Administration 6 %

Notre proposition de budget vient s'ajouter au budget européen actuel. Concrètement, elle permet de monter à plus de 5 % de PIB le montant des dépenses en commun. Nous avons conçu cette proposition de budget pour pallier les faiblesses du budget actuel :

– Premièrement, le budget européen actuel est essentiellement financé par un prélèvement sur les recettes de chaque État membre. Concrètement, chaque État verse un pourcentage de son revenu national brut au budget commun et reçoit en retour une part des dépenses communes. Cela conduit les gouvernements et les peuples à ne s'intéresser qu'au solde de leurs contributions, c'est-à-dire à ce qu'ils en retirent ou à ce qu'ils y perdent. Or la lutte contre le changement climatique, l'organisation de l'accueil et l'intégration des migrants, les investissements dans l'environnement et dans la recherche universitaire produisent des gains qui dépassent le niveau local !

Pour créer la valeur ajoutée européenne d'où nous tirerons un bénéfice collectif, il nous a paru plus logique de financer les politiques communes sur des ressources propres. C'est la raison pour laquelle nous créons quatre nouveaux impôts communs, prélevés au niveau européen sur les bénéfices des sociétés, les hauts revenus et hauts patrimoines et les émissions carbone.

– Deuxièmement, le budget européen actuel n'a pas pour priorité le financement des biens collectifs européens : plus de 37 % des dépenses sont consacrées à des dépenses agricoles et des aides directes dans le cadre de la PAC ; la première dépense aujourd'hui est consacrée aux fonds de cohésion qui consistent à réduire les écarts entre les territoires européens. Si ces efforts sont nécessaires, il ne reste que très peu de moyens pour financer des politiques communes sur les grands défis de notre siècle. Fidèle à la philosophie d'une valeur ajoutée européenne, notre budget prévoit de s'attaquer à ces défis au niveau européen. Ainsi, pour nous donner les moyens de créer un nouveau mode de croissance soutenable, respectueux de l'environnement, limitant nos émissions de carbone, nous consacrons 25 % de notre budget aux investissements dans la recherche et le fonctionnement des universités et créons un fonds générant les 2,1 % du PIB d'investissements nécessaires pour atteindre les objectifs de température de l'accord de Paris. Notre fonds est trois fois plus ambitieux que l'actuel plan Juncker, fonds qui finance encore la vieille économie, comme des autoroutes.

Le second défi et bien commun que notre budget prend à bras-le-corps est l'accueil et l'intégration des migrants. Alors que le budget actuel vise à protéger les frontières et prévenir l'arrivée de nouveaux migrants, nous pensons au contraire qu'intégrer ces nouveaux migrants au marché du travail européen est une véritable opportunité économique d'une part et notre devoir pour être cohérent avec les valeurs humanistes européennes d'autre part. Aussi, notre budget est consacré à l'intégration des nouveaux arrivants pour s'assurer qu'ils participent à revitaliser notre société et répartir plus justement les coûts d'accueil des réfugiés et migrants et garantir des conditions d'accueil respectueuses de nos valeurs.

– Troisièmement, nous reversons la moitié des nouvelles ressources directement aux États pour qu'ils puissent réduire les impôts nationaux et/ou opérer des transferts monétaires vers les populations qu'ils souhaitent cibler. Chaque État sera souverain sur la façon de dépenser ces nouvelles ressources. Ces transferts directs des ressources propres européennes aux États membres sont un principe de fédéralisme budgétaire radicalement nouveau. Nous prévoyons une limite des transferts entre pays à 0,1 % du PIB, car notre objectif ici n'est pas de réduire les inégalités entre États membres mais à l'intérieur des pays.

TABLE

RÉALISATION : IGS-CP À L'ISLE-D'ESPAGNAC
IMPRESSION : CPI FRANCE
DÉPÔT LÉGAL : MAI 2019. N° 142701 (3033373)
IMPRIMÉ EN FRANCE